지구가 더워지면 북극곰은 어떡해요?

캐럴라인 아널드 글
제이미 호건 그림 | 윤소영 옮김

비룡소

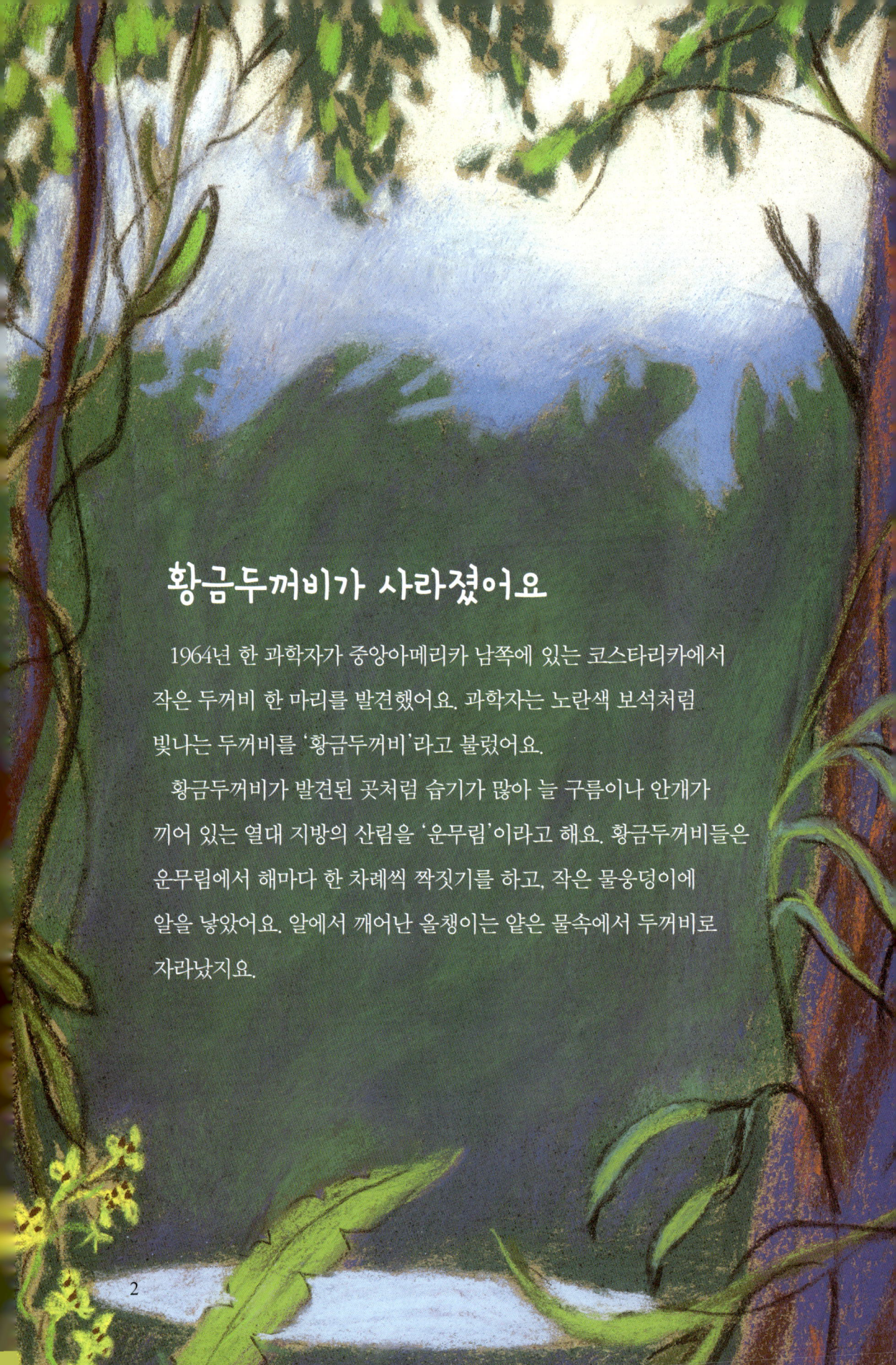

황금두꺼비가 사라졌어요

 1964년 한 과학자가 중앙아메리카 남쪽에 있는 코스타리카에서 작은 두꺼비 한 마리를 발견했어요. 과학자는 노란색 보석처럼 빛나는 두꺼비를 '황금두꺼비'라고 불렀어요.
 황금두꺼비가 발견된 곳처럼 습기가 많아 늘 구름이나 안개가 끼어 있는 열대 지방의 산림을 '운무림'이라고 해요. 황금두꺼비들은 운무림에서 해마다 한 차례씩 짝짓기를 하고, 작은 물웅덩이에 알을 낳았어요. 알에서 깨어난 올챙이는 얕은 물속에서 두꺼비로 자라났지요.

황금두꺼비

1987년 봄, 유난히 덥고 메마른 날씨가 계속되었어요. 운무림의 안개는 엷어지고 물웅덩이는 점점 말라붙었어요. 황금두꺼비의 피부도 바짝 말랐지요. 이듬해가 되자 황금두꺼비가 알을 낳을 물웅덩이마저 사라졌어요. 결국 1989년부터는 이 세상 어디서도 황금두꺼비를 찾아볼 수 없게 되었지요.

황금두꺼비는 기후 변화로 멸종했다고 알려진 첫 번째 생물이에요. 지구가 더워지면서 황금두꺼비처럼 사라지는 생물의 수는 점점 늘어나고 있어요.

지구의 기후가 변화하고 있어요

한 지역에서 오랜 기간 동안 나타나는 기온, 비, 눈, 바람 같은 대기의 상태를 '기후'라고 해요. 기후는 '날씨'와 달라요. 날씨는 갑자기 비가 오거나 천둥이 치는 것처럼 그날그날 바뀌거든요. 날씨는 기후보다 좁은 장소에서 짧은 시간 동안 나타나는 대기의 상태이지요.

요즘 지구에는 이상한 일이 일어나고 있어요. 최근 100년 사이에 지구 표면의 평균 온도가 0.7도 이상 오른 거예요.

지난 수십 억 년 동안 지구의 기후는 여러 번 따뜻해지거나 추워졌어요. 하지만 최근에는 예전보다 훨씬 빠르게 기후가 따뜻해지고 있어요. 이런 현상을 '지구 온난화'라고 해요.

과학자들은 지구 온난화로 기후가 어떻게 바뀌는지 관찰했어요. 겨울이 짧아지고 봄이 일찍 찾아왔어요. 여름은 더 더워졌고, 북극해의 얼음이 녹아 바닷물 표면의 높이가 높아졌어요. 또 세계 곳곳에서 비가 내리는 시기와 양도 달라졌지요. 온도가 아주 조금 올랐을 뿐인데 지구에 큰 변화가 일어난 거예요.

북극이 따뜻해졌어요

지구 온난화로 기후가 변화하면서 동물들이 사는 모습도 달라졌어요. 동물들은 저마다 새로운 환경에 맞춰 살아가려고 노력하지만, 어떤 동물들은 사라질 위기에 놓였지요.

북극에는 예전에 볼 수 없었던 새로운 동물과 식물들이 나타났어요. 북극이 따뜻해졌기 때문이에요.

북극여우

여우

　작은 몸집에 빽빽하게 털이 난 북극여우는 추운 북극에 사는 동물들 중 하나예요. 새와 작은 짐승을 잡아먹거나, 더 큰 짐승이 먹고 남긴 고기를 먹으며 살지요.
　그런데 지구 온난화로 북극 지방에 나무가 늘어나면서 북반구에 살던 붉은여우가 북극으로 옮겨 와 살기 시작했어요.
　원래 붉은여우는 북아메리카에서 북아프리카에 이르기까지 북반구 전체에 넓게 퍼져 살았어요. 수풀에 몸을 숨긴 채 다양한 동물과 식물을 먹으면서요.
　이제 북극여우와 붉은여우는 북극에서 먹이를 놓고 다투고 있어요.

붉은여우

더위를 피해 사는 곳을 옮겨요

지구 온난화 때문에 사는 곳을 옮겨야 했던 동물과 식물은 또 있어요. 원래 살던 곳이 너무 더워졌기 때문이지요.

동물들은 걷거나 날거나 헤엄을 쳐서 시원한 곳으로 갔어요. 움직일 수 없는 식물들은 바람이나 물, 동물의 몸에 씨앗을 실어 다른 곳으로 이동했지요.

그렇게 씨앗은 살기 좋은 곳에 닿으면 싹을 틔워요.

이디스 체크무늬 나비

이디스 체크무늬 나비는 북아메리카 서쪽에 사는 나비예요. 봄과 여름 사이에 식물의 잎에 알을 낳고 알에서 깨어난 애벌레는 그 식물의 잎과 꽃을 먹지요.

원래 이디스 체크무늬 나비는 미국의 캘리포니아 주와 멕시코가 맞닿은 곳에 살았어요. 이 나비가 좋아하는 식물이 그곳에서 많이 자랐기 때문이에요.

이제 이디스 체크무늬 나비는 훨씬 북쪽인 캐나다의 브리티시컬럼비아 주에서 발견되고 있어요. 이곳은 원래 추워서 이디스 체크무늬 나비와 나비가 좋아하는 식물이 살지 않던 곳이에요.

이디스 체크무늬 나비는 100년 전보다 100미터나 더 높은 산에서도 발견되고 있어요. 나비들이 좋아하는 식물이 높은 산에서 자라게 되었거든요. 지구 온난화 때문에 이디스 체크무늬 나비가 먹이를 찾아 더 북쪽으로, 더 높은 곳으로 사는 곳을 옮긴 거예요.

동물들이 높은 산으로 올라가요

산은 높이 올라갈수록 기온이 낮아져요. 그래서 산에는 높이에 따라 서로 다른 동물과 식물들이 모여 살지요.

그런데 지구 온난화가 일어나면서 산의 낮은 지역에 살던 동물과 식물들이 점점 높은 곳으로 올라가고 있어요. 더위를 피하기 위해서지요. 가장 높은 곳에 살던 동물과 식물들은 큰일이에요. 더 높은 곳으로 올라갈 수도 없으니 말이에요.

다람쥐와 생쥐

1900년대 초, 생물학자 조지프 그리넬은 미국 캘리포니아 주에 있는 요세미티 국립 공원과 공원 주변에서 작은 포유동물들을 관찰했어요.

최근에 과학자들은 그리넬이 관찰한 것과 같은 동물들을 살펴봤어요. 그리고 그중 많은 동물들이 전보다 높은 곳에서 살고 있다는 것을 발견했지요.

노란목덜미땅다람쥐는 전보다 150미터나 더 높은 곳에 살아요. 낮은 곳에서만 살던 피뇽생쥐와 주머니생쥐들도 전보다 높은 국립 공원 안으로 들어와 살지요. 지구 온난화로 원래 살던 곳이 따뜻해지자 동물들이 시원한 곳을 찾아 높은 산으로 올라간 거예요.

얼음이 녹아내려요

지구 온난화로 인한 기후 변화가 가장 심하게 일어나는 곳은 북극과 남극 같은 극지방이에요. 북극의 바다에 떠 있는 얼음과 남극 대륙을 덮고 있는 거대한 얼음이 빠르게 녹고 있어요.

지구로 온 태양열은 얼음이나 눈에 닿으면 대기 중으로 반사돼요. 하지만 육지나 바다에 닿으면 흡수되지요. 지구 온난화로 북극과 남극의 얼음이 녹으면서 육지나 바다로 흡수되는 태양열의 양이 많아졌어요. 그 결과 지구 온난화가 더 빠르게 일어나고 있지요.

과학자들은 북극의 얼음이 1979년에 비해 20퍼센트나 줄었다고 걱정해요. 어떤 과학자들은 2030년이면 북극의 얼음이 모두 녹아 사라질 거라고 말해요. 그 시기는 더 빨라질 수도 있어요.

남극 대륙을 덮은 얼음도 빠르게 녹아내리고 있어요. 과학자들은 남극 서쪽의 빙하가 녹아내리면 바닷물 표면의 높이가 6미터 가까이 올라갈 거라고 생각해요. 남극 대륙 주변에 떠 있던 얼음덩어리들이 이미 많이 부서져 내렸지요.

북극과 남극의 동물들은 대부분 얼음에 의지해 살아요. 얼음이 사라지면 동물들도 살아남기 힘들지요.

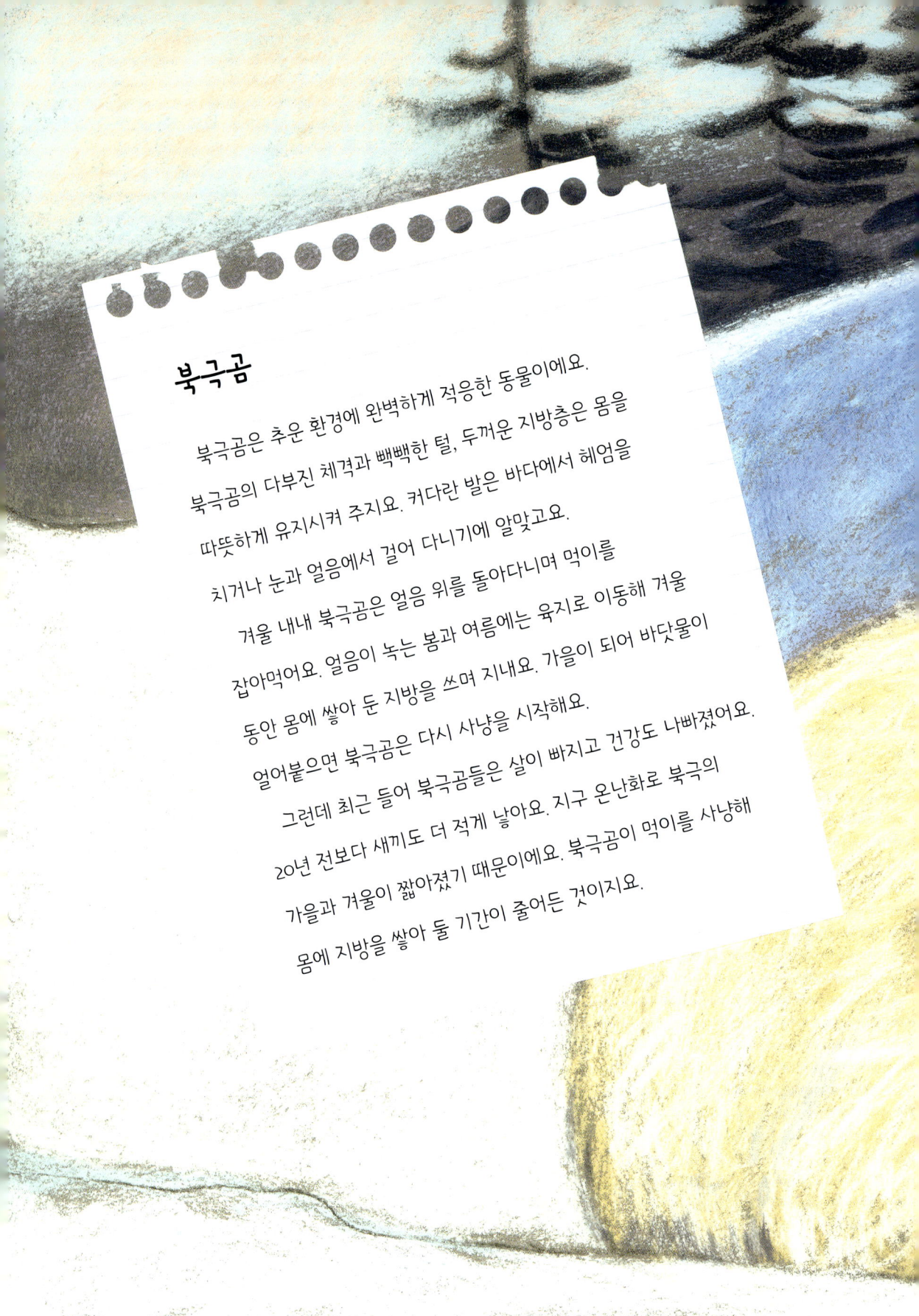

북극곰

북극곰은 추운 환경에 완벽하게 적응한 동물이에요.
북극곰의 다부진 체격과 빽빽한 털, 두꺼운 지방층은 몸을
따뜻하게 유지시켜 주지요. 커다란 발은 바다에서 헤엄을
치거나 눈과 얼음에서 걸어 다니기에 알맞고요.
겨울 내내 북극곰은 얼음 위를 돌아다니며 먹이를
잡아먹어요. 얼음이 녹는 봄과 여름에는 육지로 이동해 겨울
동안 몸에 쌓아 둔 지방을 쓰며 지내요. 가을이 되어 바닷물이
얼어붙으면 북극곰은 다시 사냥을 시작해요.
그런데 최근 들어 북극곰들은 살이 빠지고 건강도 나빠졌어요.
20년 전보다 새끼도 더 적게 낳아요. 지구 온난화로 북극의
가을과 겨울이 짧아졌기 때문이에요. 북극곰이 먹이를 사냥해
몸에 지방을 쌓아 둘 기간이 줄어든 것이지요.

바다코끼리

북극 지방에 여름이 찾아와 얼음이 녹으면, 바닷가 근처에는 커다란 얼음덩어리들이 '섬'처럼 떠 있어요. 바다코끼리들은 그 얼음덩어리에 기다란 엄니를 걸쳐 놓고 쉬어요. 새끼들은 어미가 먹이를 찾는 동안 얼음덩어리 위에 올라가 기다리지요.

지구 온난화로 얼음덩어리들이 녹아내리면서 바다코끼리는 쉼터를 잃었어요. 바다코끼리 새끼들은 어미와 헤어지는 일이 많아졌어요. 어미와 떨어진 새끼들은 거의 살아남지 못해요.

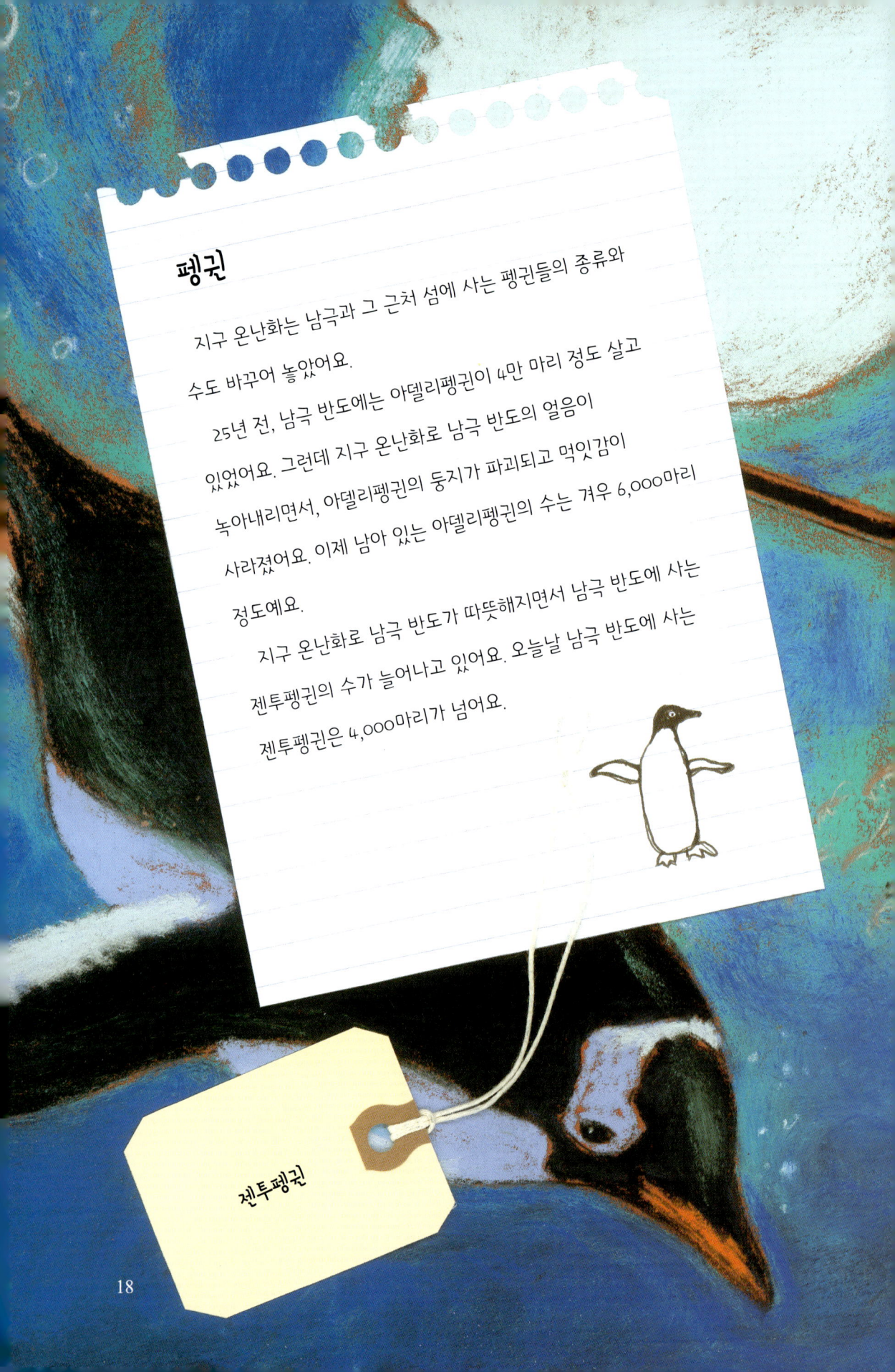

펭귄

지구 온난화는 남극과 그 근처 섬에 사는 펭귄들의 종류와 수도 바꾸어 놓았어요.

25년 전, 남극 반도에는 아델리펭귄이 4만 마리 정도 살고 있었어요. 그런데 지구 온난화로 남극 반도의 얼음이 녹아내리면서, 아델리펭귄의 둥지가 파괴되고 먹잇감이 사라졌어요. 이제 남아 있는 아델리펭귄의 수는 겨우 6,000마리 정도예요.

지구 온난화로 남극 반도가 따뜻해지면서 남극 반도에 사는 젠투펭귄의 수가 늘어나고 있어요. 오늘날 남극 반도에 사는 젠투펭귄은 4,000마리가 넘어요.

젠투펭귄

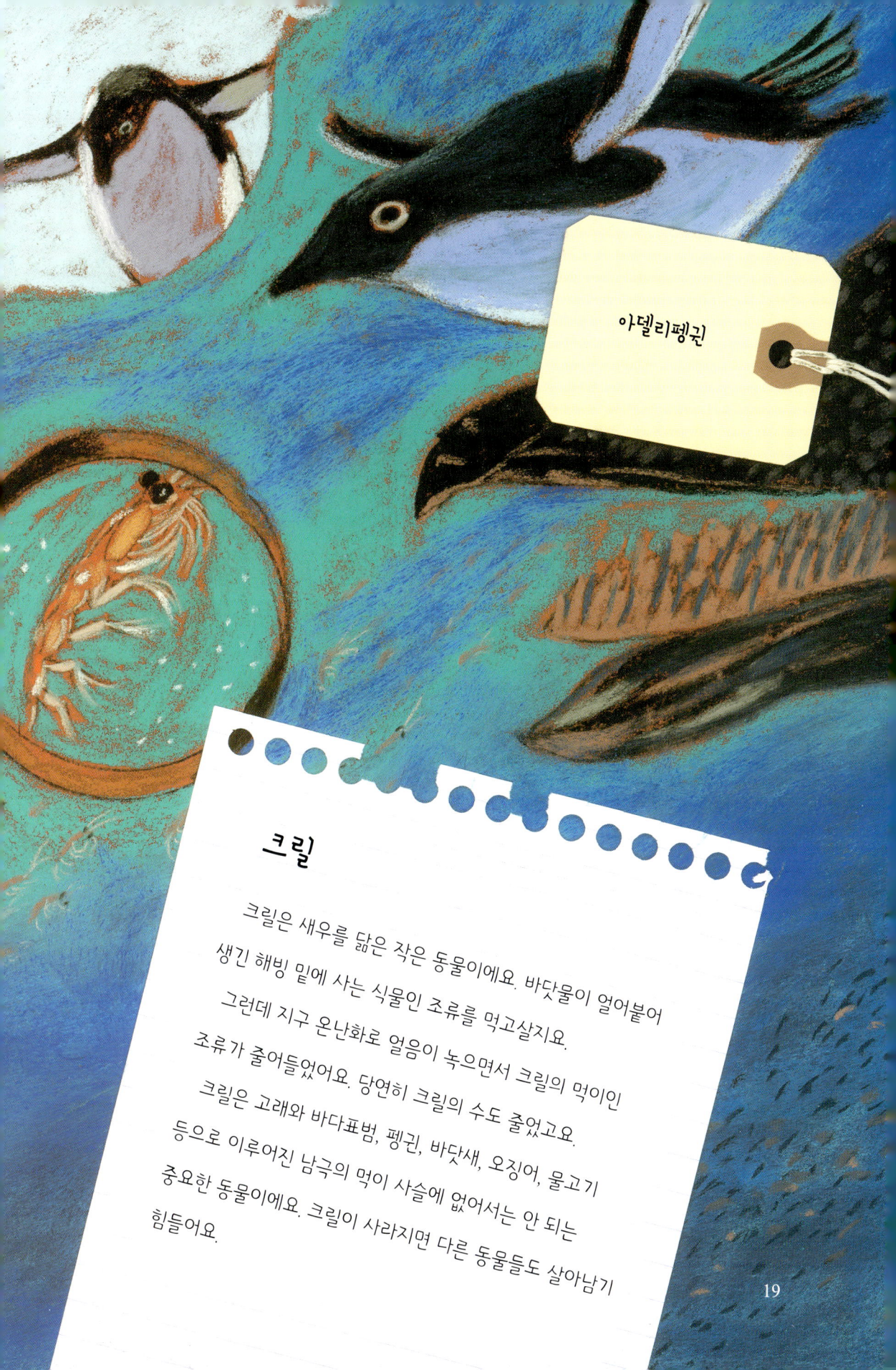

아델리펭귄

크릴

크릴은 새우를 닮은 작은 동물이에요. 바닷물이 얼어붙어 생긴 해빙 밑에 사는 식물인 조류를 먹고살지요.

그런데 지구 온난화로 얼음이 녹으면서 크릴의 먹이인 조류가 줄어들었어요. 당연히 크릴의 수도 줄었고요.

크릴은 고래와 바다표범, 펭귄, 바닷새, 오징어, 물고기 등으로 이루어진 남극의 먹이 사슬에 없어서는 안 되는 중요한 동물이에요. 크릴이 사라지면 다른 동물들도 살아남기 힘들어요.

계절이 달라져요

지구 온난화로 해마다 봄은 일찍 찾아오고, 가을은 점점 늦게 시작되고 있어요. 비가 많이 오는 시기와 가뭄이 드는 시기도 달라졌지요. 계절과 기후가 변하면서 동물들이 이동하고, 새끼를 낳고, 겨울잠을 자고, 먹이를 찾는 방식도 바뀌었어요.

노랑배마멋

마멋은 산에 사는 커다란 다람쥣과 동물이에요. 여름에는 먹이를 찾아다니고 겨울에는 굴에서 겨울잠을 자지요.

과학자들은 미국의 콜로라도 주 로키 산맥에서 노랑배마멋을 관찰해 새로운 사실을 발견했어요. 지구 온난화로 겨울이 짧아지면서 마멋이 예전보다 겨울잠에서 일찍 깨어난다는 거예요.

40년 전, 노랑배마멋은 5월까지 겨울잠을 잤어요. 하지만 지구 온난화로 이곳의 평균 기온이 1.5도 정도 오르자, 마멋들은 4월이면 겨울잠에서 깨어나게 됐어요. 그런데 4월에는 마멋의 먹이가 없어요. 마멋이 좋아하는 식물은 낮이 더 길어져야 자라거든요. 결국 일찍 굴에서 나온 마멋이 굶어 죽는 일이 많아졌지요.

바다, 강, 호수가 따뜻해져요

물에 사는 동물과 식물도 지구 온난화의 영향을 받아요. 지구 온난화로 바다와 강, 호수의 물도 점점 따뜻해지고 있거든요. 산호나 물고기 같은 물속 생물들의 사는 모습은 이미 많이 달라졌어요.

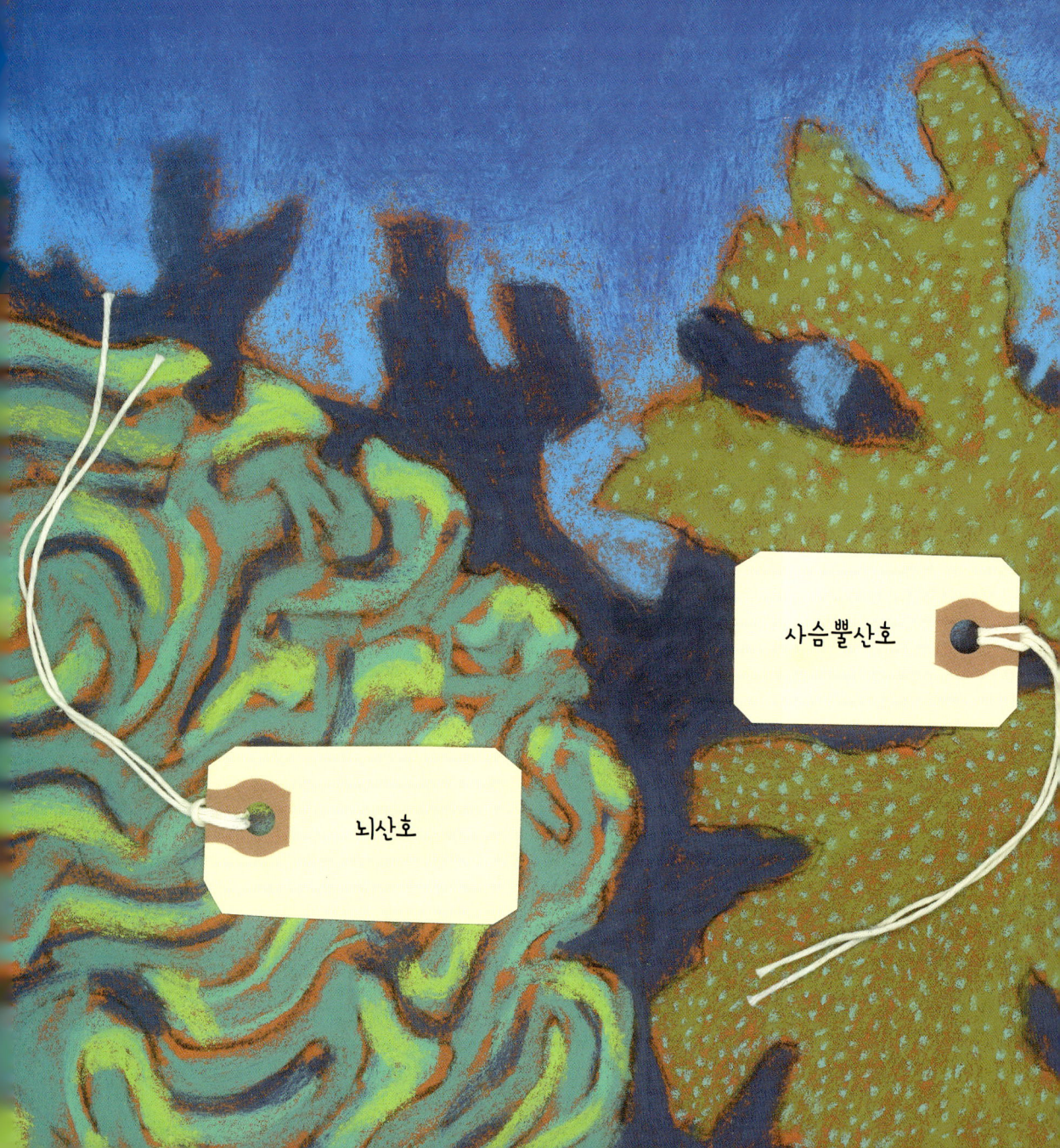

뇌산호

사슴뿔산호

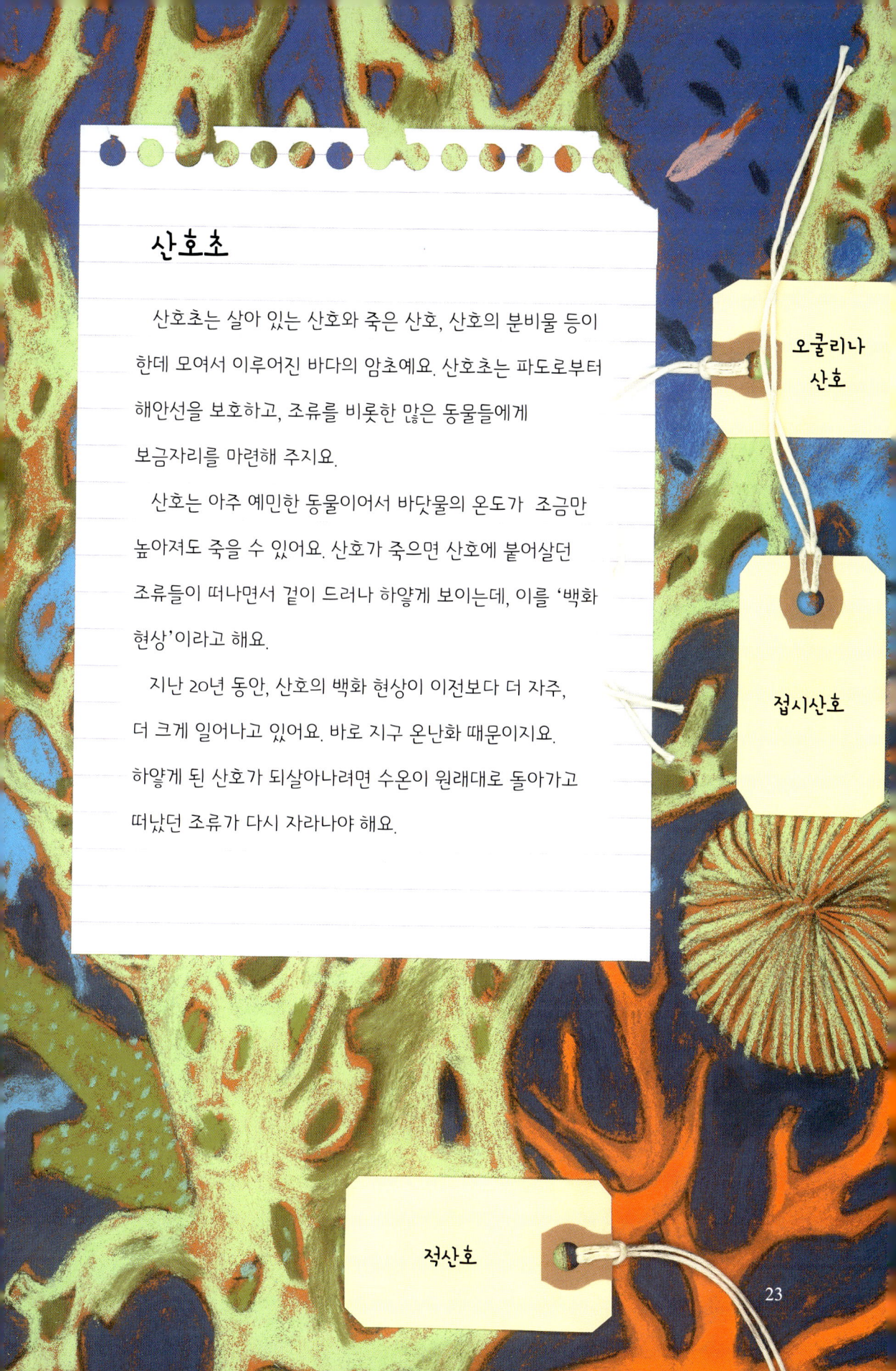

산호초

　산호초는 살아 있는 산호와 죽은 산호, 산호의 분비물 등이 한데 모여서 이루어진 바다의 암초예요. 산호초는 파도로부터 해안선을 보호하고, 조류를 비롯한 많은 동물들에게 보금자리를 마련해 주지요.

　산호는 아주 예민한 동물이어서 바닷물의 온도가 조금만 높아져도 죽을 수 있어요. 산호가 죽으면 산호에 붙어살던 조류들이 떠나면서 겉이 드러나 하얗게 보이는데, 이를 '백화 현상'이라고 해요.

　지난 20년 동안, 산호의 백화 현상이 이전보다 더 자주, 더 크게 일어나고 있어요. 바로 지구 온난화 때문이지요. 하얗게 된 산호가 되살아나려면 수온이 원래대로 돌아가고 떠났던 조류가 다시 자라나야 해요.

오쿨리나 산호

접시산호

적산호

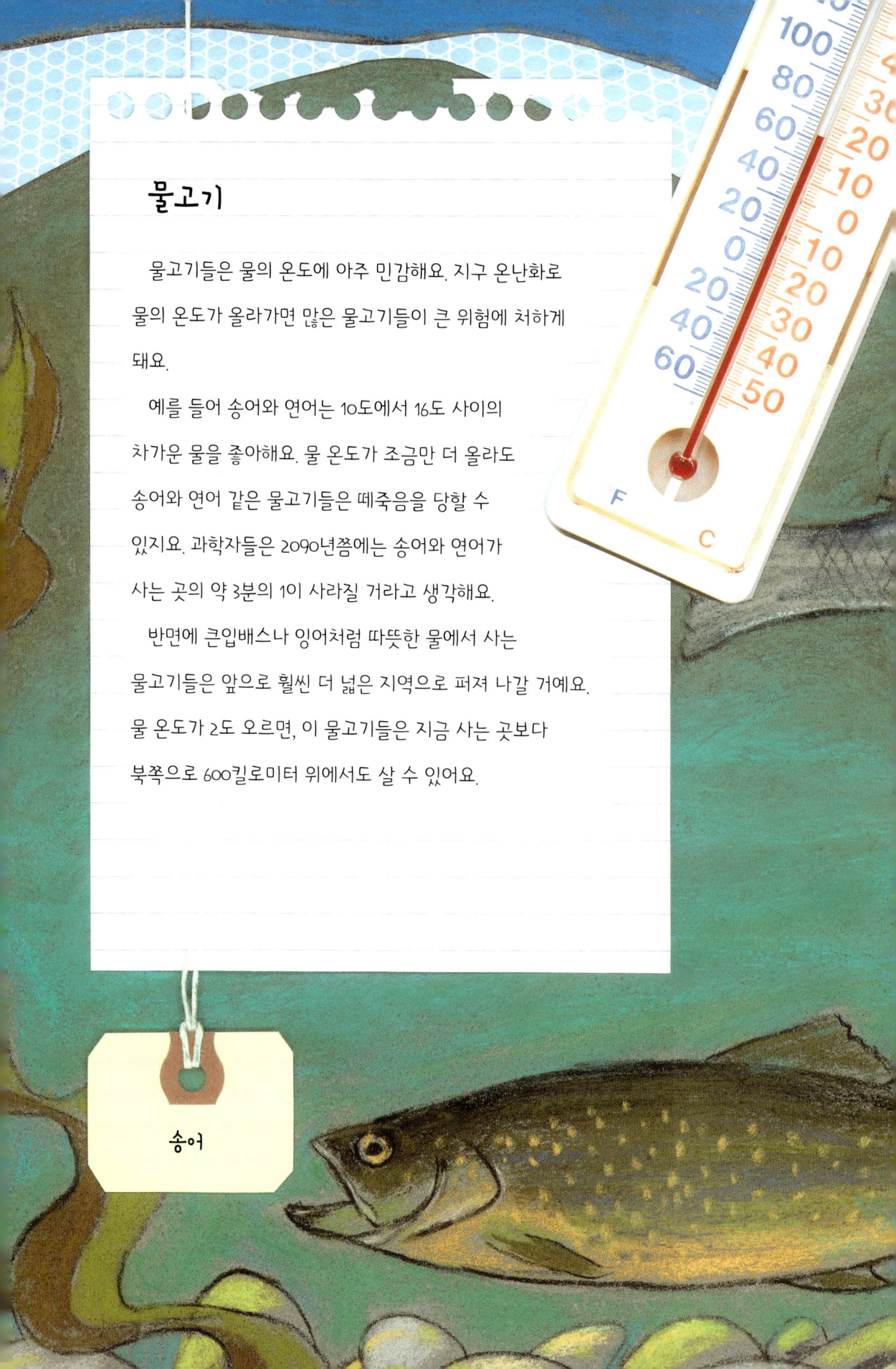

물고기

물고기들은 물의 온도에 아주 민감해요. 지구 온난화로 물의 온도가 올라가면 많은 물고기들이 큰 위험에 처하게 돼요.

예를 들어 송어와 연어는 10도에서 16도 사이의 차가운 물을 좋아해요. 물 온도가 조금만 더 올라도 송어와 연어 같은 물고기들은 떼죽음을 당할 수 있지요. 과학자들은 2090년쯤에는 송어와 연어가 사는 곳의 약 3분의 1이 사라질 거라고 생각해요.

반면에 큰입배스나 잉어처럼 따뜻한 물에서 사는 물고기들은 앞으로 훨씬 더 넓은 지역으로 퍼져 나갈 거예요. 물 온도가 2도 오르면, 이 물고기들은 지금 사는 곳보다 북쪽으로 600킬로미터 위에서도 살 수 있어요.

송어

바닷물의 높이가 올라가요

　지구 온난화로 북극과 남극의 얼음이 녹아 바다로 흘러들면서 바닷물의 표면이 점점 높아지고 있어요. 바닷물의 높이는 물이 따뜻해지기만 해도 올라갈 수 있어요. 따뜻한 물은 차가운 물보다 부피가 더 크거든요.

　지난 100년 동안 전 세계의 바닷물의 높이는 15센티미터에서 20센티미터 정도 올라갔어요. 과학자들은 2100년경에는 바닷물의 높이가 지금보다 90센티미터쯤 높아질 거라고 생각해요.

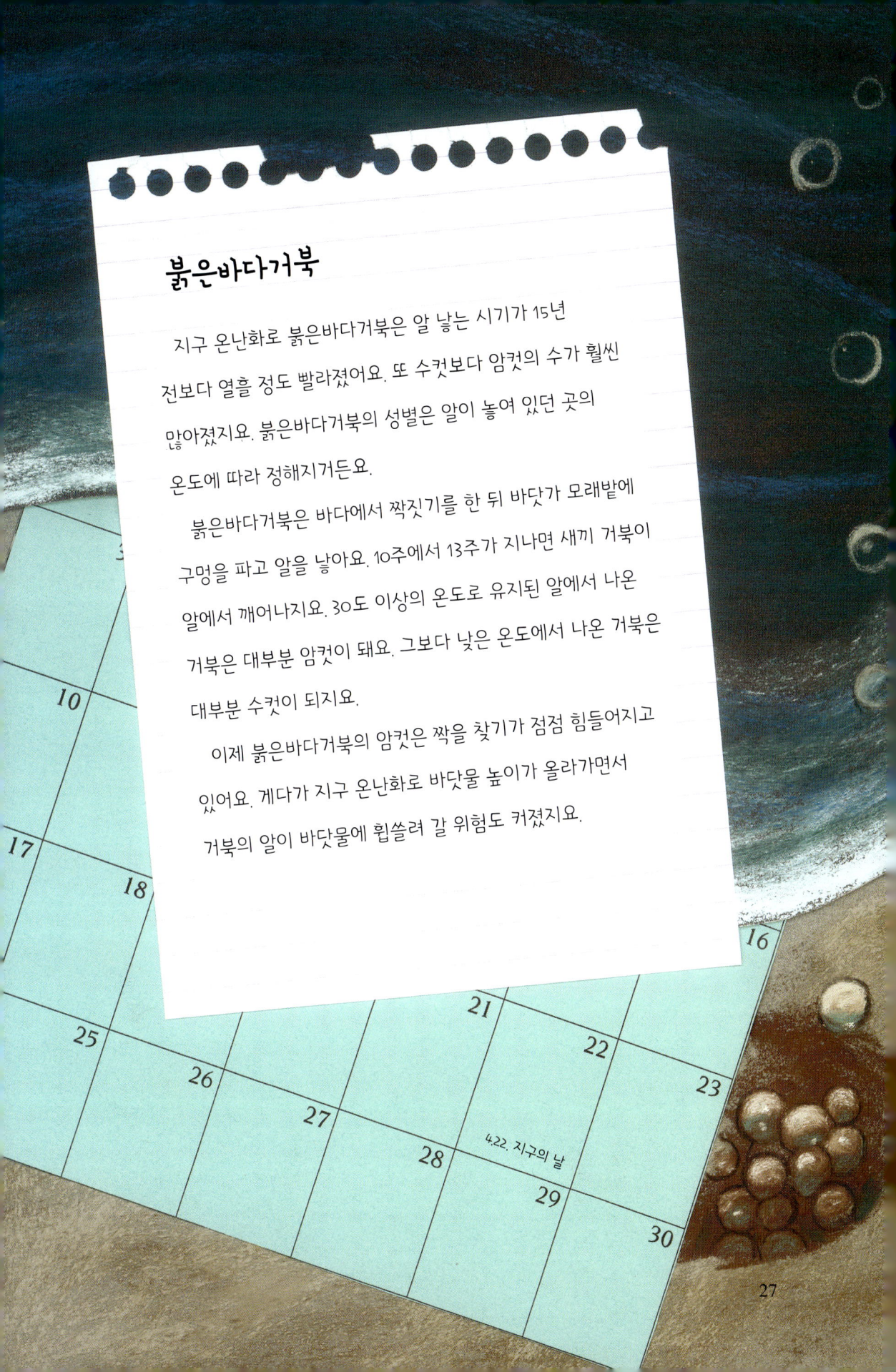

붉은바다거북

지구 온난화로 붉은바다거북은 알 낳는 시기가 15년 전보다 열흘 정도 빨라졌어요. 또 수컷보다 암컷의 수가 훨씬 많아졌지요. 붉은바다거북의 성별은 알이 놓여 있던 곳의 온도에 따라 정해지거든요.

붉은바다거북은 바다에서 짝짓기를 한 뒤 바닷가 모래밭에 구멍을 파고 알을 낳아요. 10주에서 13주가 지나면 새끼 거북이 알에서 깨어나지요. 30도 이상의 온도로 유지된 알에서 나온 거북은 대부분 암컷이 돼요. 그보다 낮은 온도에서 나온 거북은 대부분 수컷이 되지요.

이제 붉은바다거북의 암컷은 짝을 찾기가 점점 힘들어지고 있어요. 게다가 지구 온난화로 바닷물 높이가 올라가면서 거북의 알이 바닷물에 휩쓸려 갈 위험도 커졌지요.

4.22. 지구의 날

지구는 더 따뜻해질 거예요

크릴이나 조류같이 작은 생물부터 북극곰이나 고래처럼 큰 동물까지, 이미 수많은 생물들이 지구 온난화의 위험에 처해 있어요. 몇몇 과학자들은 멸종 위기에 놓인 생물이 100만 종에 이른다고 말해요.

사실 지구는 전에도 따뜻해진 적이 여러 번 있어요. 하지만 이번에는 너무 빨리 더워지고 있어요. 과학자들은 지구 온난화가 이렇게 빠르게 진행되면 동물과 식물들이 변화에 적응할 시간이 부족할 거라고 걱정해요. 바뀐 기후에 맞춰 살아갈 방법을 찾지 못한 생물들은 사라질 수밖에 없지요.

지구가 오염되면 지구 온난화는 더 빨리 일어나게 돼요. 대기 중의 오염 물질이 태양열을 잡아 두기 때문이지요. 환경 오염을 줄여 지구 온난화를 늦추어야 사람과 야생 동물이 기후 변화에 적응할 시간을 벌 수 있어요.

지구 온난화는 야생 동물과 식물뿐 아니라 사람들의 삶에도 영향을 미치고 있어요. 앞으로도 우리가 지구에서 살아가려면 환경을 보호하고 기후 변화를 늦추기 위해 노력해야 해요.

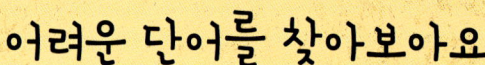

어려운 단어를 찾아보아요

겨울잠 : 몇몇 동물들은 먹이가 적고 추운 겨울 동안 깊은 잠을 자요. 겨울잠을 자는 동안에는 활동을 거의 하지 않아요.

남극 반도 : 남극 대륙에서 남아메리카 쪽으로 뻗어 있는 육지예요. 남극 대륙과 연결되지 않은 나머지 세 면은 바다와 만나요.

다람쥣과 : 포유동물의 한 종류로 쥐와 비슷하나 통통하고 꼬리가 굵고 털이 나 있어요. 다람쥐, 마멋, 청설모 등이 속해요.

대기 : 지구를 둘러싸고 있는 투명한 기체, 즉 공기를 말해요.

먹이 사슬 : 먹이를 중심으로 이어진 서로 다른 생물들 사이의 관계예요.

부피 : 물건이 차지하는 양을 말해요.

북극 지방 : 북극권과 북극 사이의 지역을 말해요. 그린란드와 북극해의 섬들이 속해요.

동물의 이동 : 동물들이 계절이나 자연환경의 변화에 따라 사는 곳을 다른 곳으로 옮기는 것을 말해요.

조류 : 물속에서 자라는 식물로 뿌리, 줄기, 잎이 구분되지 않아 단순하게 생겼어요. 꽃이 피거나 열매를 맺지 않아요.

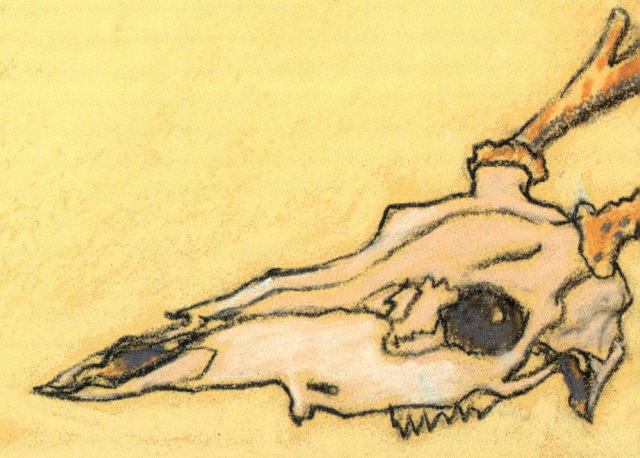

좀 더 알고 싶어요

지구 온난화와 기후 변화, 자연 생태계,
생물의 다양성 등에 대해 궁금하다면 아래에
소개한 홈페이지를 방문해 보세요.

• **환경교육포털** http://www.keep.go.kr

환경부에서 운영하는 어린이를 위한 환경 교육 사이트예요.
'푸름이 이동환경교실' 등 환경 교육 프로그램을 이용할 수 있고
각종 교구, 재미난 동영상과 환경 관련 소식 등이 실려 있어요.

• **환경부** http://www.me.go.kr

환경부는 우리나라를 아름답고 깨끗하게 보전하려고 애쓰는 행정 기관이에요.
환경 오염을 줄이기 위한 다양한 시도들과 정책들을 찾아볼 수 있어요.

• **그린피스** http://www.greenpeace.org/korea

그린피스는 전 지구에서 환경 캠페인을 펼치는 환경 단체예요. 오염으로부터
동식물과 지구를 지키기 위한 여러 가지 활동들은 물론이고 지구 곳곳의 환경
소식들을 살펴볼 수 있어요.

알레산드라, 루커스, 페이지에게 — C. A.
어머니에게 — J. H.

글쓴이 | 캐럴라인 아널드
미국의 어린이 책 작가로 동물을 소재로 한 책을 많이 썼다.
지은 책으로 『새, 하늘을 나는 놀라운 생명체』, 『고래가
포유동물이라고?』, 『씰룩씰룩 흔들흔들 Wiggle and Waggle』 등이 있다.

그린이 | 제이미 호건
미국 로드아일랜드 디자인대학교에서 디자인을 전공하고 현재 아이들을 가르치면서
프리랜서 일러스트레이터로 활동하고 있다. 그린 책으로 『소녀와 인력거』, 『데이지의 칠일
Seven Days of Daisy』, 『얼어붙은 항구의 벙어리 장갑 Ice Harbor Mittens』 등이 있다.

옮긴이 | 윤소영
서울대학교 생물교육학과를 졸업하고 현재 중학교에서 과학을 가르치며 어린이와
청소년을 위한 과학책을 쓰고 번역하고 있다. 2005년에 『종의 기원, 자연선택의 신비를
밝히다』로 '제6회 대한민국 과학문화상'을 수상했다. 지은 책으로는 『생물에세이』,
『교실밖 생물여행』 등이 있으며, 『빌 아저씨의 과학 교실』, 『고래가 포유동물이라고?』
등을 우리말로 옮겼다.

지식 다다익선 49

지구가 더워지면 북극곰은 어떡해요?

캐럴라인 아널드 글 · 제이미 호건 그림 / 윤소영 옮김

1판 1쇄 펴냄 2012년 10월 26일, 1판 3쇄 펴냄 2021년 7월 29일
펴낸이 박상희 편집주간 박지은 편집 조서영 디자인 허선정 펴낸곳 ㈜비룡소
출판등록 1994. 3. 17. (제16-849호) 주소 06027 서울시 강남구 도산대로1길 62 강남출판문화센터 4층
전화 영업 02)515-2000 팩스 02)515-2007 편집 02)3443-4318,9 홈페이지 www.bir.co.kr
제품명 어린이용 각양장 도서 제조자명 ㈜비룡소 제조국명 대한민국 사용연령 3세 이상

A WARMER WORLD
by Caroline Arnold and illustrated by Jamie Hogan

Text Copyright © 2012 by Caroline Arnold
Illustrations Copyright © 2012 by Jamie Hogan
All rights reserved.

Original edition first published by Charlesbridge Publishing, Inc.
under the title of A Warmer World.

Korean Translation Copyright © 2012 by BIR Publishing Co., Ltd.
Korean translation edition is published by arrangement with
Charlesbridge Publishing, Inc.

이 책의 한국어판 저작권은 Charlesbridge Publishing, Inc.와
독점 계약한 ㈜비룡소에 있습니다.
저작권법에 의해 한국 내에서 보호를 받는 저작물이므로 무단 전재와 무단 복제를 금합니다.

ISBN 978-89-491-8254-4 74470 / ISBN 978-89-491-8211(세트)